まちごとチャイナ

寧波郊外と開発区
Zhejiang 008 Around Ningbo
鎌倉仏教の「祖庭」へ

Asia City Guide Production

【白地図】寧波郊外と長江デルタ

CHINA
浙江省

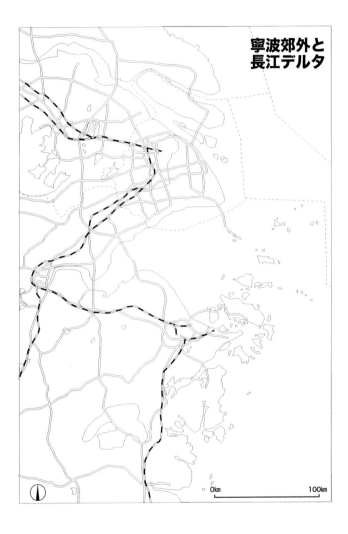

【白地図】大寧波

CHINA
浙江省

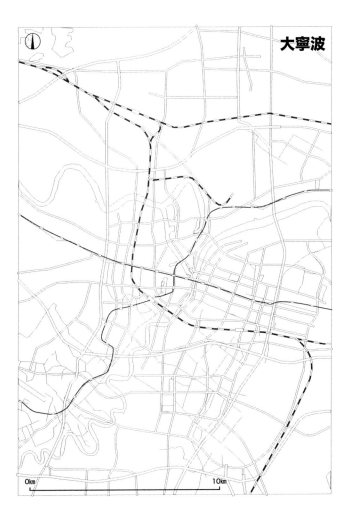

大寧波

Around Ningbo

白地図

【白地図】鄞州新城

CHINA
浙江省

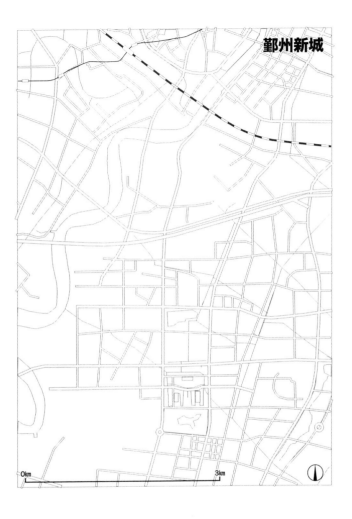

【白地図】東部新城

CHINA
浙江省

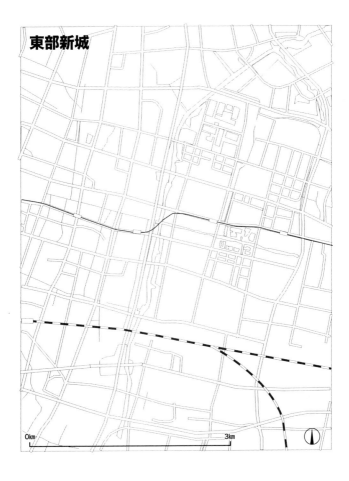

【白地図】寧波東郊外

CHINA
浙江省

寧波東郊外

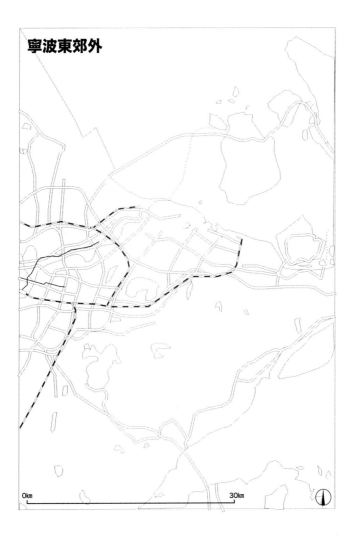

白地図

【白地図】阿育王寺

浙江省

阿育王寺

Around Ningbo

白地図

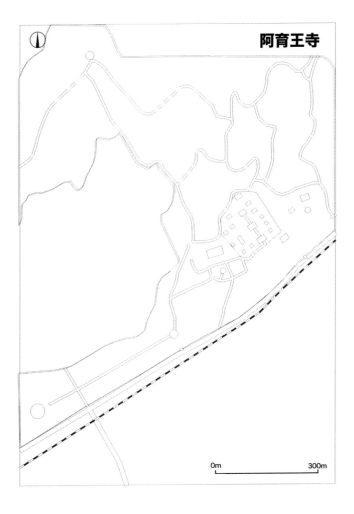

【白地図】育王天童

CHINA
浙江省

育王天童

Around Ningbo 白地図

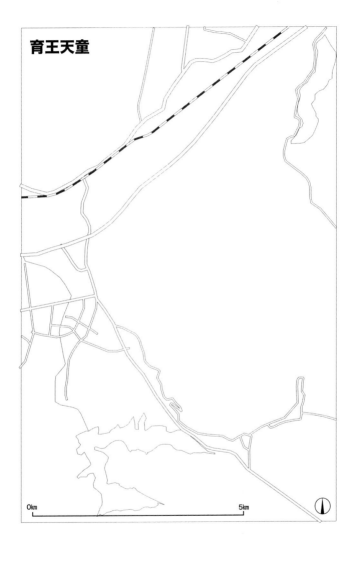

【白地図】天童寺

CHINA
浙江省

天童寺

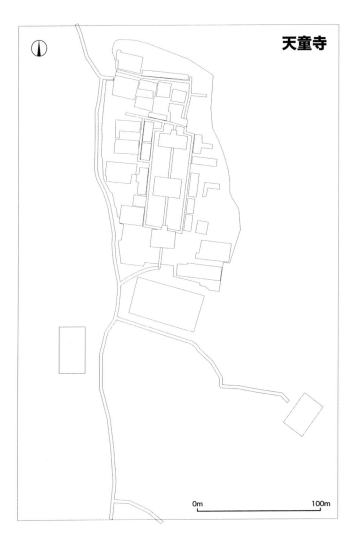

Around Ningbo

白地図

【白地図】鎮海北侖

CHINA
浙江省

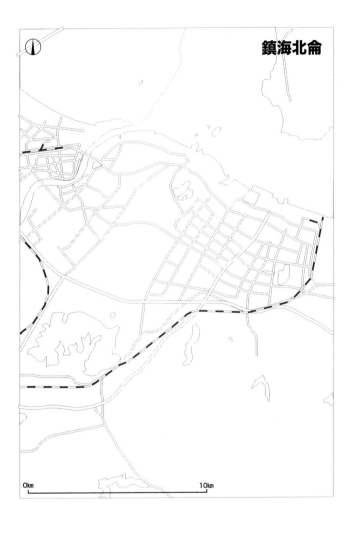

鎮海北侖

Around Ningbo

白地図

【白地図】寧波北郊外

CHINA
浙江省

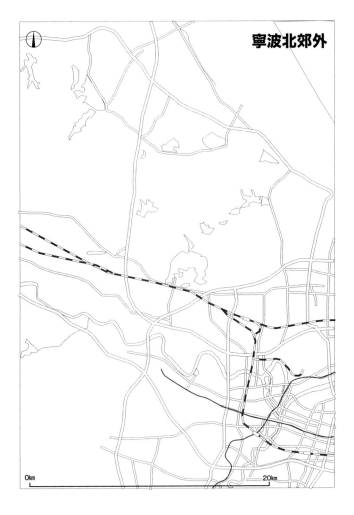

【白地図】河姆渡遺跡

CHINA
浙江省

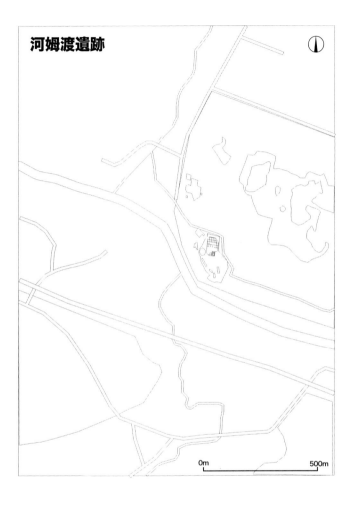

【白地図】寧波西郊外

CHINA
浙江省

寧波西郊外

白地図

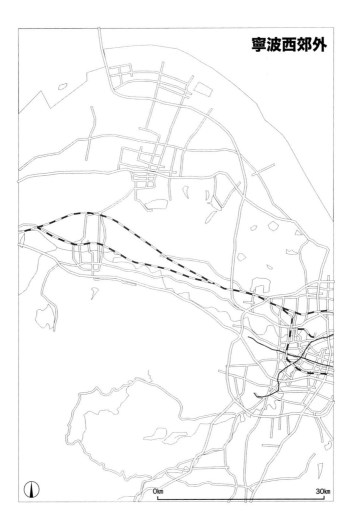

【白地図】蒋氏故里

CHINA
浙江省

【白地図】余姚

CHINA
浙江省

Around Ningbo 白地図

余姚

CHINA
浙江省

【まちごとチャイナ】
浙江省 001 はじめての浙江省
浙江省 002 はじめての杭州
浙江省 003 西湖と山林杭州
浙江省 004 杭州旧城と開発区
浙江省 005 紹興
浙江省 006 はじめての寧波
浙江省 007 寧波旧城
浙江省 008 寧波郊外と開発区
浙江省 009 普陀山
浙江省 010 天台山
浙江省 011 温州

平原地帯から丘陵地帯へ遷る寧波東郊外に残る阿育王寺と天童寺。両者ともに南宋五山をしめた中国を代表する古刹で、栄西や道元が修行した日本禅宗の祖庭として知られる。

宋元（10〜14世紀）時代から「寧波」と「博多」を結ぶ航路を使った往来が活発となり、中国仏教や最先端の文化は寧波から日本に発信された（現在の日本文化を象徴する抹茶、禅などは宋元時代の寧波から伝わっている）。船は寧波旧城から甬江をくだって鎮海、そして東海に出て、舟山から博多へ

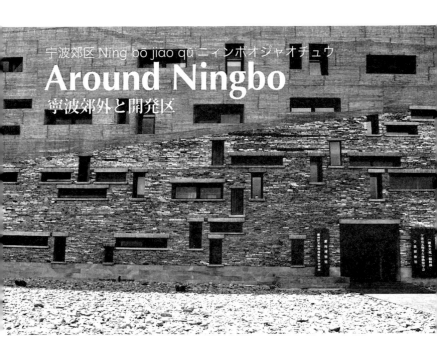

Around Ningbo
宁波郊区 Ning bo jiao qu ニィンボオジャオチュウ
寧波郊外と開発区

向かった。

　日本人にとってもっとも親しみ深い中国の街であった寧波も20世紀末以来、三江口の旧城が手ぜまになったことから、郊外に新たな市街地がつくられている。中国屈指の港湾環境をもつ北崙、鄞州新城、東部新城の開発が進み、寧波と上海を結ぶ全長36kmの杭州湾跨海大橋の建設もあって、寧波は長江デルタ新たな成長エンジンとして注目されている。

【まちごとチャイナ】

浙江省 008 寧波郊外と開発区

目次

寧波郊外と開発区……………………………………………xxx

栄西道元学んだ禅宗祖庭……………………………………xxxvi

鄞州新城城市案内……………………………………………xlv

東部新城城市案内 ……………………………………………l

阿育王寺鑑賞案内……………………………………………lviii

天童寺鑑賞案内 ………………………………………………lxviii

東郊外城市案内 ………………………………………………lxxx

北郊外城市案内………………………………………………xci

西郊外城市案内………………………………………………cix

杭州湾つなぐ大経済圏 ………………………………………cxxv

【MEMO】

【地図】寧波郊外と長江デルタ

【地図】寧波郊外と長江デルタの［★★☆］
- ☐ 河姆渡遺跡 河姆渡遗址 ハアムウドウイイチイ

【地図】寧波郊外と長江デルタの［★☆☆］
- ☐ 四明山 四明山 スウミンシャン
- ☐ 余姚 余姚 ユウヤオ
- ☐ 北侖 北仑 ベェイルゥン
- ☐ 杭州湾跨海大橋 杭州湾跨海大桥 ハンチョウワンクゥアハイダアチャオ

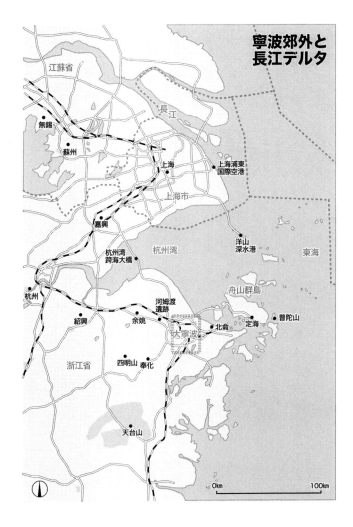

栄西道元 学んだ 禅宗祖庭

CHINA 浙江省

中世の日本と中国を結ぶ航路
最先端の中国仏教求め
日本の仏僧たちは大海原へ繰り出した

南宋禅宗の台頭

杭州に都をおいた南宋（1127〜1279年）時代、径山寺、霊隠寺、浄慈寺（以上杭州）、天童寺、阿育王寺（以上寧波）といった禅寺を中心とする五山十刹の制度がもうけられた。江南で禅宗が台頭したのは、南宋にさかのぼる唐代の845年、会昌の廃仏を受けて、長安や華北の仏教寺院が衰退し、比較的、都から遠かった南中国で仏教が命脈をたもったこと。自力難行、実践仏教という性格をもつ禅宗の勢力が強まったこと。華北を異民族に占領された南宋朝廷が禅宗を保護することで仏教勢力を統治体制に組みこんだことなどがあげられる。5

栄西道元学んだ禅宗祖庭

世紀ごろ、インド人達磨の伝えた禅宗は、南宗禅（広東）と北宗禅（湖北荊州）にわかれ、南宗禅から臨済宗や曹洞宗が出て、教義は師から弟子へと伝えられていった。

仏教聖地寧波

宋元時代、杭州と寧波が中国仏教の先進地となっていて、こうした時代に中国を訪れたのが平安末期から鎌倉初期の日本の仏教僧たちだった（唐代の遣唐使は華北の五台山を目指したが、中国が南北に分断された南宋では天台山をはじめとする江南仏教寺院で修行した）。栄西や道元は天台山、阿育王寺、

CHINA
浙江省

天童寺などで禅宗を学び、日本に帰国してから臨済宗や曹洞宗を開いている。また寧波延慶寺の天台浄土宗は海を越えて法然や親鸞の阿弥陀信仰に影響をあたえ、禅宗ともども鎌倉新仏教が育まれることになった。この時代、蘭渓道隆などの中国僧が来日し、南宋五山の影響で成立した鎌倉五山では中国語が話されていたという。また鎌倉時代にさかのぼる奥州藤原氏（11〜12世紀）は東北の黄金を寧波に運び、その代わりに中国皇帝の命で編纂された『一切経』を手に入れた。

Around Ningbo 栄西道元学んだ禅宗祖庭

▲左　屋根には寺院を守護する神獣が見える、阿育王寺。　▲右　道元はここ天童寺で修行をし、日本曹洞宗を開いた

寧波から日本へ

中世、中国から日本への仏教伝播は、食や茶、精神性といった禅文化をともない、栄西（1141〜1215年）のもち帰った浙江の茶樹から日本の茶道がはじまり、精神を集中する武道の精神が鎌倉武士のあいだに広まった（喫茶の習慣は奈良時代からあったが、一般でも飲まれるようになり、禅文化の影響のもと茶会が開かれた）。日常茶飯事（にちじょうさはんじ）、饅頭（まんじゅう）、普請（ふしん）、塔頭（たっちゅう）、竹篦（しっぺい）といった南宋禅寺で使われていた言葉が日本語に入り、豆腐、納豆、梅干しなど質素な食生活を旨とす

CHINA
浙江省

る禅寺の食事も日本で広まっていった。

重源と宋の職人

栄西や道元と同時代に生きた仏教僧重源（1121 〜 1206 年）は「入宋三度」と言われる。重源は三度目の渡宋で、四明山、天台山、阿育王寺などを訪ね、1167 年、その途上で栄西と合流している。入宋時代の重源は、寄進した周防の材木を使って阿育王寺の舎利殿を修復し、阿育王寺は重源の像を舎利殿にかざって謝意を表明した。重源はそうした実績をもとに、1180 年、平重盛によって消失した東大寺伽藍の大規模な修

▲左 ブッダの遺灰舎利信仰で名高い名刹。　▲右　都から離れた自然のなかにたたずむ天童寺

復事業を担当し、中国から陳和卿をはじめとする鋳物師や石工集団が渡来している（源平の合戦のさなか、東大寺焼討を命じた平清盛は熱病でなくなった）。南宋の技術を使った宋風の彫刻、井戸、瓦などが奈良、博多に残り、東大寺の石獅子には寧波東銭湖墓前石像群との類似性が認められる。陳和卿は鎌倉の源実朝に「あなた（実朝）は昔、寧波育王山の長老で、私（陳和卿）はその門弟であった」と言い、宋行きを決意した実朝は大船を用意したものの、その船は砂浜で朽ちてしまった。

【地図】大寧波

【地図】大寧波の [★★☆]
- [ ] 保国寺 保国寺バァオグゥオスウ

【地図】大寧波の [★☆☆]
- [ ] 鄞州新城 鄞州新城イィンチョウシンチャン
- [ ] 東部新城 东部新城ドォンブウシンチャン
- [ ] 梁祝文化公園 梁祝文化公园 リィアンチュウウェンフゥアゴォンユゥエン

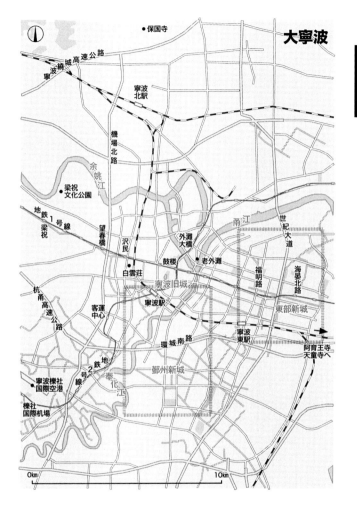

大寧波

Around Ningbo

栄西道元学んだ禅宗祖庭

【MEMO】

Guide,
Yin Zhou Xin Cheng
鄞州新城
城市案内

寧波旧城の南郊外に位置する鄞州新城
広大な街区をもつ計画都市で
寧波の新たな顔と言える寧波博物館が立つ

鄞州新城 鄞州新城
yín zhōu xīn chéng イィンチョウシンチャン ［★☆☆］

寧波市街から南5kmの郊外に広がる新市街の鄞州新城。行政庁舎や寧波博物館の位置する鄞州公園を中心に、その周囲に大規模な商業施設や高層ビルがならぶ。鄞州公園の北側に立つ「万達広場」「聯盛購物広場」といった大型商業店舗、北東に「斯瑪特広場」「印象城」「銭湖天地」が巨大商業区を形成するBEST広場が見られる。また大学や企業の研究所、工場、スポーツセンターも集積し、寧波経済、文化の新たな中心地となっている。1995年に開発がはじまり、緑地を確

【地図】鄞州新城

【地図】鄞州新城の ［★★☆］
- □ 寧波博物館 宁波博物馆 ニィンボウボオウウグゥアン

【地図】鄞州新城の ［★☆☆］
- □ 鄞州新城 鄞州新城 イィンチョウシンチャン

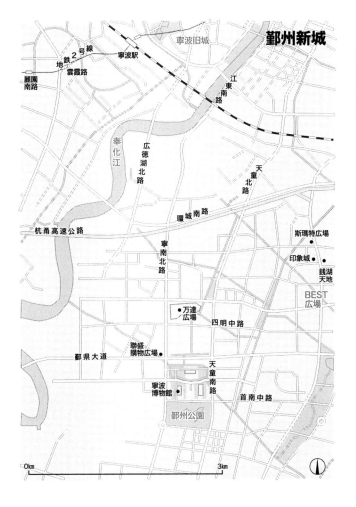

鄞州新城城市案内

浙江省

保しながら都市づくりは進められている。

寧波博物館 宁波博物馆
níng bō bó wù guǎn ニィンボウボオウウグゥアン[★★☆]

鄞州新城の中心に立ち、2008年に完成した寧波博物館。高さ24m、南北144m、東西65mの巨大建築で、寧波の瓦を積みあげた独特の外壁をもつ。寧波郊外で発掘された7000年前の河姆渡遺跡、越窯から出土した陶磁器、南宋時代の宋人石刻、宋代の明州城（寧波旧城）、船の文化など豊かなこの地の民俗模様を「東方神舟」「阿拉老寧波」といった展示で

▲左　高層マンションが林立する鄞州新城。　▲右　圧巻の現代建築、寧波博物館

紹介する。海のシルクロードの中国側の起点であった寧波とその近郊で発掘された遺品の収蔵のほか、寧波の文化、教育拠点という役割も果たしている。

Guide,
Dong Bu Xin Cheng
東部新城
城市案内

寧波旧城をはさんで甬江東側に広がる江東
東部新城は江東のさらに東郊外に整備された
大型施設が集まり、寧波旧城と地下鉄で結ばれている

東部新城 东部新城
dōng bù xīn chéng ドォンブウシンチャン [★☆☆]

東部新城は、21世紀になってから江東で開発が進んだ寧波の新たなCBD（中央商務区）。「寧波国際金融中心」「寧波国際会展中心」「寧波中心」「環球航運広場」といった大型プロジェクトが次々に進められ、寧波新市街を形成している。水や自然を街区にうまくとりこんで環境に配慮した街並みが広がる。

東部新城城市案内

寧波文化広場 宁波文化广场
níng bō wén huà guǎng chǎng
ニィンボウウェンフゥアグゥアンチャアン ［★☆☆］

住民の娯楽や学習、休暇にこたえる大型施設が一堂に集まる寧波文化広場。クラシック・コンサートや演劇が催される大劇院、宇宙や地球について体験しながら学べる科学探索中心、子供たちが文化や芸術にふれる文化芸術培訓中心、大型ショッピング・モール、映画館などからなる。市民芸術祭といったイベントも開かれている。

【地図】東部新城の [★☆☆]

- [ ] 東部新城 东部新城 ドォンブウシンチャン
- [ ] 寧波文化広場 宁波文化广场
    ニィンボウウェンフゥアグゥアンチャアン

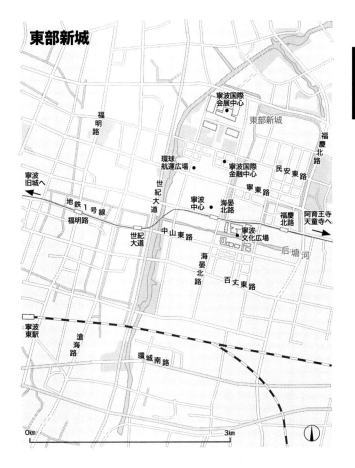

【MEMO】

【地図】寧波東郊外

【地図】寧波東郊外の [★★★]
- ☐ 阿育王寺 阿育王寺アアユウワァンスウ
- ☐ 天童寺 天童寺ティエントォンスウ

【地図】寧波東郊外の [★★☆]
- ☐ 南宋石刻公園 南宋石刻公园 ナンソォンシイカアゴンユゥエン

【地図】寧波東郊外の [★☆☆]
- ☐ 東銭湖 东钱湖ドォンチィエンフウ
- ☐ 鎮海 镇海チェンハァイ
- ☐ 北侖 北仑ベェイルゥン
- ☐ 東部新城 东部新城ドォンブウシンチャン

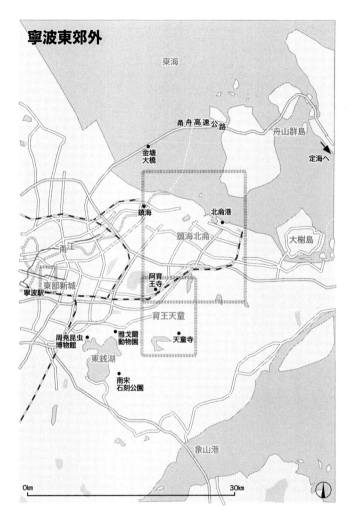

Guide,
A Yu Wang Si
阿育王寺
鑑賞案内

CHINA
浙江省

寧波から東 30 kmに位置する阿育王寺
唐代の寧波成立以前の中心である
鄞県はこのあたりにあった

阿育王寺 阿育王寺
ā yù wáng sì アアユウワァンスウ ［★★★］

インド・マウリヤ朝のアショカ王（紀元前3～前2世紀ごろ）が建てた8万4000の仏塔の伝説が残る阿育王寺。晋代の281年、劉薩訶（慧達）が育王山の地下から響く鐘の音を聴き、祈り続けていると、舎利塔が現れたのでここに精舎を建てたという。405年、この仏塔を保護するための亭や伽藍が整備され、当時は会稽山鄞県塔と呼ばれていたが、522年、仏教を篤く信仰した梁の武帝がアショカ王にちなんで「阿育王寺」と命名した。そのとき、仏塔から仏典に記されたのと

ほとんど同じ状態のブッダの爪髪が出土し、阿育王寺を中心とする舎利信仰が高まっていった（舎利とはブッダの遺灰）。平安時代の日本にも阿育王寺の仏舎利信仰は伝わり、多くの日本仏僧が育王山に参拝している。元・明・清代を通じて破壊と再建を繰り返したが、天童寺とならぶ古刹として多くの仏教徒の信仰を集めている。

阿育王寺の伽藍

育王山南麓に展開し、天王殿から大雄宝殿、舎利殿と軸線上に続く阿育王寺の伽藍。黄色の屋根をもつ高さ 15.3m の舎

【地図】阿育王寺の [★★★]
- 阿育王寺 阿育王寺アアユウワァンスウ

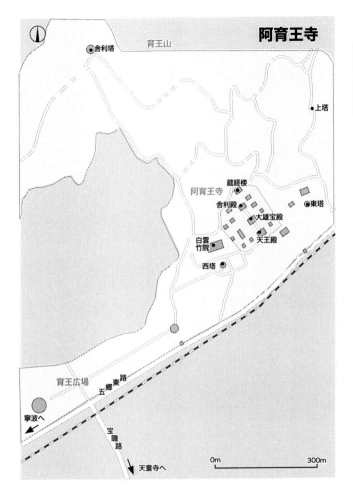

阿育王寺鑑賞案内

CHINA
浙江省

利殿には、石舎利塔がもうけられ、そのさらになかの木塔に舎利容器が安置されているという。この軸線上の伽藍を守るように、東西に仏塔、伽藍背後に上塔が立つ。高さ53mの東塔は、雪舟（1420～1506年）の描いた絵をもとに1992年に再建され、元代の1364年創建の西塔は1979年に再建された。また鑑真（688～763年）が第3回の船出にあたって、しばらく阿育王寺に身を寄せていたことから鑑真紀念亭も立つ（舟山群島で暴風雨にあった鑑真は、寧波の官船に助けられ、阿育王寺の庫裏で保護された。鑑真は6回目の渡航で日本にたどり着いた）。

▲左　育王山の麓に展開する阿育王寺の伽藍。　▲右　中国語の「塔」はストゥーパ（卒塔婆）からとられている

アショカ王と8万4000の塔

「阿育王寺（King Ashoka Temple）」という寺院名は、「法の王」と呼ばれたマウリヤ朝のアショカ王に由来する。紀元前3～前2世紀ごろ、アショカ王はインド統一戦争で10万人の死者を出し、それを深く悔やんで仏教に帰依した。アショカ王はブッダの舎利（遺灰）を掘り起こして細かくわけ、8万4000の塔を各地に建てたと伝えられ、阿育王塔はそのひとつだという（周の敬王のときのものとされる）。ブッダの遺灰をおさめるストゥーパ（塔）への信仰は広まり、とくに杭州を都とした呉越国（907～978年）王の銭弘俶は仏教を篤く

浙江省

信仰し、アショカ王にならって8万4000の宝塔をつくった（小さいものは鉄製で高さ20cmほど）。銭弘俶の仏塔は日本にも伝わり、日本では11世紀ごろに仏舎利信仰が盛んになり、空海請来の東寺舎利、鑑真請来の唐招提寺舎利が知られる。

栄西、浙江の旅

894年の遣唐使廃止後、日本と中国のあいだの実質的な外交官の役割をになったのが、高い教養をもった比叡山の僧侶たちだった。比叡山にいた栄西は、中国仏教への憧れを胸に、1168年と1187年の二度、寧波から中国（南宋）に足を踏み入れている。

▲左　四隅のそりあがった中国の伝統建築。　▲右　アショカ王伝説の舎利をおさめる舎利殿

二度目の渡航にあたって、都杭州で仏教の生まれたインド行きを直訴したが、「北と西域に異民族がいて、交通がふさがれている」という理由から許可がおりなかった（栄西は皇帝孝宗との接見が許され、千光法師という称号が送られた）。そのため栄西は4年間、浙江の仏教寺院をめぐり、天台山万年寺、天童山景徳寺に拠点のあった禅宗一派の臨済宗黄龍派を学んだ。栄西は帰国後、最先端の中国仏教を体得した者として、鎌倉の世で勢力を誇った。また栄西や重源ら日本僧は阿育王寺や天童寺に木材を寄進しているが、中国側には日本仏僧の渡航を許し、袈裟などをあたえる代わりに実利を得るねらいがあったという。

【地図】育王天童の [★★★]
- [ ] 阿育王寺 阿育王寺アアユウワァンスウ
- [ ] 天童寺 天童寺ティエントォンスウ

【地図】育王天童の [★☆☆]
- [ ] 古天童 古天童グウティエントォン
- [ ] 五仏鎮蟒塔 五佛鎮蟒塔ウウフウチェンマァンタア

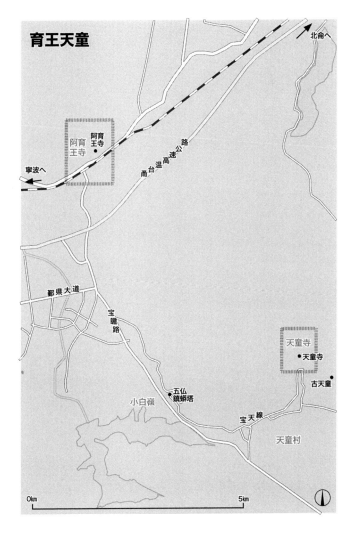
阿育王寺鑑賞案内

Guide, Tian Tong Si
天童寺
鑑賞案内

CHINA 浙江省

天童寺は「東南仏国」と呼ばれる名刹
栄西や道元がこの地で禅宗を学んだことから
日本禅宗の祖庭とされる

天童寺 天童寺 tiān tóng sì ティエントォンスウ ［★★★］

栄西や道元ゆかりの寺院で、中国仏教を代表する高僧が住持した天童寺。晋代の300年、寧波太白山の麓に義興が建てた寺院をはじまりとし、天童寺という名前は「天から童子がおりてきて精舎づくりを手伝った」という故事に由来する。当時の寺は今よりも東側にあったが、唐代の757年、宗弼によって現在の地に遷された（759年、勅命で天童玲瓏寺と改称され、1392年に天童寺となった）。寺院の前面に広がる池、水害をさけるための石づくりの七塔（1134年建設）から、山門をかねた天王殿、釈迦・薬師・阿弥陀の三如来をまつる仏殿、

▲左　天童寺の伽藍はそのまま永平寺に写された。　▲右　自然に抱かれて位置する天童寺

法堂へと続き、最盛期には999の部屋があったという。とくに道元は天童寺の如浄禅師に師事し、曹洞宗を日本に伝えたことから、東禅堂には道元を顕彰するための碑が残る。また日本曹洞宗の本山永平寺（福井）は天童寺の山門、仏殿、法堂、僧堂、庫院、浴司、東司の七堂伽藍を写したものとなっている。

五山十刹とは

五山十刹は、杭州を都とした南宋（1127〜1279年）時代、禅宗を中心とした仏教寺院を国家の統制におく目的で整えら

【地図】天童寺

【地図】天童寺の [★★★]
☐ 天童寺 天童寺 ティエントォンスウ

【地図】天童寺の [★☆☆]
☐ 天童風景名勝区 天童风景名胜区
　　ティエントォンフェンジィンミンシェンチュウ

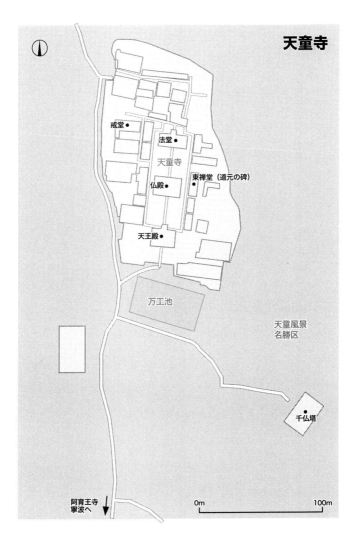

CHINA
浙江省

れた。都杭州の径山寺（1位）、霊隠寺（2位）、浄慈寺（4位）、港町寧波の天童寺（3位）、阿育王寺（5位）が五山とされ、十刹がそれに続いた。この五山はインドの霊鷲山、帝釈窟山といった天竺五精舎にならったもので、禅寺は山に建てられることが多かったので、太白山（天童寺）、育王山（阿育王寺）など山名でも呼ばれる。この五山十刹の制度を提唱したのが寧波出身の宰相史弥遠で、南宋五山十刹は鎌倉五山、京都五山へと伝えられた。ここ天童寺にいた蘭渓道隆は、鎌倉へと旅立ち、建長寺を開山している。

▲左　天童寺で修行した道元の肖像画と碑が残る。　▲右　高さ55.6mの千仏塔

天童寺で学んだ道元

中国から帰国した栄西（1141〜1215年）は建仁寺を創建し、そのもとにいた道元（1200〜53年）は栄西の高弟明全にしたがって1223年、入宋した（道元は3か月のあいだ寧波港の船中で逗留したあと、天童寺へとやってきた）。やがて天童寺から径山寺（杭州）、台州、温州にいたる浙江各地の仏教寺院を巡礼し、1225年、天童寺に戻って新たに赴任した如浄禅師について修行することになった。道元は如浄禅師から「（あらゆる束縛から自由になる）身心脱落とは坐禅なり」といった教えを受け、厳しい修行ののち、日本に帰国し、日

CHINA
浙江省

本曹洞宗を開いた。臨済宗を開いた栄西と異なって、道元は政治権力と離れること、自然のなかで修行することを旨とし、「越前（福井）」で永平寺を開山した。師である如浄禅師の出身地が「越州（紹興）」であったことから、「その名を聞くもなつかしい」と北越下向を決意したという。

天童第一座

遣明使として寧波から北京へとのぼった雪舟（1420〜1506年）は、中国の街々を書画にしたため、「浙派」の影響のもと画風を確立した。雪舟は帰国後、「天童第一座、日本画聖僧」と水墨画に記していることからも、天童寺で第一の席に座るのを許されたことを誇りとした（浙江では「首座」ではなく「第一」という言葉が使われた）。鎌倉時代、室町時代から江戸時代にかけて中国の文物が日本の統治者たちに好まれ、中国と関連づけることで自らを権威づけようとする意図も見られた。

浙江省

天童風景名勝区 天童风景名胜区
tiān tóng fēng jǐng míng shèng qū
ティエントォンフェンジィンミンシェンチュウ ［★☆☆］

晋（265～420年）の行脚僧義興が魅せられた太白山の美しい自然。広葉樹林におおわれ、松や竹の生い茂る森林が一帯に広がっている。義興が庵を結んだ「東谷庵」、清らかな水の流れる「羅漢溝」、高さ55.6mの「千仏塔」など、奇岩や渓流、洞窟、景勝地が点在し、あたりは森林公園として整備されている。またこの地に生息するタイリクジャコウアゲハはじめ、多くの蝶が寧波を基産地とすることでも知られる。

▲左　寺内は屋根のついた回廊で結ばれている。　▲右　大雄宝殿にあたる天童寺の仏殿

古天童 古天童 gǔ tiān tóng グウティエントォン ［★☆☆］

古天童は晋代の300年、各地を放浪していた仏僧義興が最初に天童寺を開いた場所。読経を行ないながら、精舎を建設しようとする義興のもとに、ひとりの童子がやってきて、毎日のように木材を運んだり、水を汲むなどして精舎づくりを手伝った。精舎がいよいよ完成しようとするとき、童子は「（自分が）玉皇大帝の使いで、童子に姿を変えた太白金星であること」を告げ、去っていった。そこで義興は山を「太白山」、寺を「天童寺」と名づけた。唐代の757年、太白山東麓の古天童から、現在の場所に伽藍が遷された。

浙江省

五仏鎮蟒塔 五佛镇蟒塔
wǔ fú zhèn mǎng tǎ ウウフウチェンマァンタア [★☆☆]

天童寺から少し離れた小白嶺に立つ仏塔には、ひとつの伝承が残っている。唐代、このあたりに一匹の蟒（うわばみ、巨大な蛇）が棲み、人びとや家畜を食べていた。天童寺の心境法師は、毎日、5人の僧に食べものをもたせ、人を食べる代わりとするよう告げたが、ついには5人の僧も蟒に食われてしまった。そこで心境法師は立ちあがって蟒に説法をして悪事を浄め、焼いた蟒の遺灰をこの塔に葬った。こうして「5人の仏僧」と「蟒（うわばみ）」をとって五仏鎮蟒塔と命名された。

Guide, Dong Jiao Qu
東郊外
城市案内

CHINA
浙江省

南宋の宰相史弥遠の一族が本拠を構えた東銭湖
寧波から甬江をくだった鎮海
中国屈指の良港をもつ北侖が位置する

東銭湖 东钱湖 dōng qián hú ドォンチィエンフウ ［★☆☆］
寧波南東郊外に位置する東銭湖は、周囲45km、杭州西湖の3倍の面積をもつ浙江省でもっとも広い淡水湖。この湖が整備されたのは唐代の744年のことで、その風光明媚さから南宋の名門氏族史氏の本拠地となっていた。宋・元・明・清代を通じて、この湖を農地化するか、淡水確保のために保全するかといった意見が交わされ、明末清初以降、龍船競争が行なわれるようになった。東銭湖に浮かぶ陶公島、湖の両対岸を結ぶ堤（小普陀）はじめ旅游区として整備され、周囲にはホテルのほか周⊠昆虫博物館、雅戈爾動物園が位置する。

南宋石刻公園 南宋石刻公园 nán sòng shí kē gōng yuán
ナンソォンシイカアゴンユゥエン ［★★☆］

安楽山の麓、史漸、史弥遠の墓を中心に、石刻200体が残る南宋石刻公園。史氏は南宋(1127〜1279年)時代、三代に渡って皇帝に準ずる権力者の宰相をつとめ、寧波郊外の東銭湖ほとりを拠点としていた。史氏陵墓に続く参道には、寧波付近の梅園石を使った牌楼、文人と武人、馬、虎、羊石笋、石鼓といった石刻が見られ、皇帝陵墓を彷彿とさせる。これらの石刻は、同時代重建の奈良東大寺に残る石刻と類似していて、担い手や石刻技術で両者の関係が指摘されている（南宋から

浙江省

帰国した重源にひきいられ、東大寺再建には多くの宋人が参加したという)。紹興郊外に南宋皇帝の簡素な陵墓群が残っているが、奪われた故地華北にいずれはまつられるはずだったため、実質、南宋石刻公園のものが南宋時代最高の陵墓建築となっている。あたりに点在していた石刻を屋外1か所に集めて2001年に開園した。

鎮海 镇海 zhèn hǎi チェンハァイ ［★☆☆］
寧波旧城から甬江を25kmくだった東海口に位置する鎮海。内陸港（河港）の寧波に入るために必ず通る必要のあった

▲左　寧波東郊外に位置する寧波東駅。　▲右　鎮海、北侖といった海港を中心に開発が進む

海の要衝で、寧波の外港という性格をもってきた。航海の安全や海難事故をめぐる伝説が多く残り、龍神廟や海神廟、造船所がおかれていた（舟山の「定海」や「寧波」とともに海の安全を願う「鎮海」という名前がつけられている）。海に直結した地域性から多くの冒険的な華僑を輩出し、鎮海出身の方家一族は上海に進出した寧波人の指導者的役割を果たした。現在は鎮海経済開発区、保税区といった経済特区がおかれ、隣接する北侖（寧波経済技術開発区）、内陸部の寧波三江口とともに寧波「3つの港」のひとつを構成する。

浙江省

招宝山 招宝山 zhāo bǎo shān チャオバオシャン [★☆☆]
東海に面する鎮海にそびえ、「大洋の障壁」と言われた招宝山。東海から甬江へ入る船が目印にしたという山で、寧波に行くためには必ず招宝山のそばを通ることになった（招宝山という名前は、航海を守護する古い神さま招宝七郎と関係すると言われる）。明代、浙江の海岸地帯を荒らした倭寇対策の軍事拠点「威遠城」、アヘン戦争で活躍した1841年の「3つの大砲」、アヘン戦争以後すえられた「安遠砲台」が残り、あたりは鎮海口海防遺跡に指定されている。また高さ57.6mの「鰲柱塔」が堂々とした姿を見せる。

Around Ningbo

東郊外城市案内

北侖 北仑 běi lún ベェイルゥン［★☆☆］

鄧小平による大きな経済政策の転換「改革開放」を受けて、1984年から開発の進んだ北侖。大型船も接岸できる深水港、舟山群島が風をふせぐ立地など、北侖港は天然の良港をもち、中国を代表する「東方大港」と呼ばれている（鎮海、大榭島、舟山とあわせた港湾環境から、19世紀以来、水をあけられた上海港を追っている）。現在は北侖に寧波経済技術開発区がおかれ、石油化学、鋼鉄産業、造船、鉄鉱石、エネルギー産業といった重工業基地となっているほか、海岸線にそって水辺の環境に配慮した街づくりも進められている。長江デル

【地図】鎮海北侖

【地図】鎮海北侖の [★★★]
- [ ] 阿育王寺 阿育王寺アアユウワァンスウ
- [ ] 天童寺 天童寺ティエントォンスウ

【地図】鎮海北侖の [★☆☆]
- [ ] 鎮海 镇海チェンハァイ
- [ ] 招宝山 招宝山チャオバオシャン
- [ ] 北侖 北仑ベェイルゥン
- [ ] 寧波鳳凰山海港楽園 宁波凤凰山海港乐园ニィンボウフェンフゥアンシャンハァイガンラアユゥエン

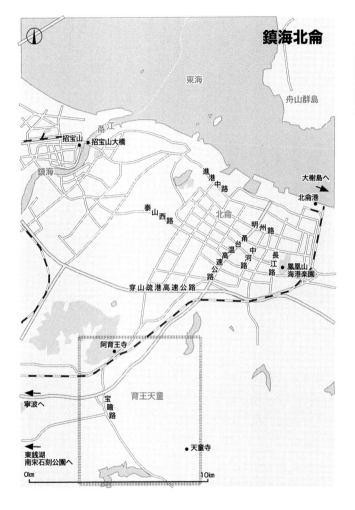

CHINA
浙江省

タという巨大な後背地、また杭州湾跨海大橋をへて上海と結ばれた立地条件をもつ。

寧波鳳凰山海港楽園 宁波凤凰山海港乐园
níng bō fèng huáng shān hǎi gǎng lè yuán
ニィンボウフェンフゥアンシャンハァイガンラアユゥエン[★☆☆]

北侖に位置し、多彩なアトラクションやイベントで知られるアミューズメント・パークの寧波鳳凰山海港楽園。「世界広場」「魔幻村荘」「鳳凰城堡」「探険旅程」「歓楽水世界」「東海竜宮」「波波港湾」といった世界から構成されるアトラクション、

Around Ningbo | 東郊外城市案内

サーカスや劇を行なう水手劇場や海洋劇場、またショッピング・モールやレストランが一体となっている。

Guide,
Bei Jiao Qu
北郊外
城市案内

江南最古の木造建築が残る保国寺

徐福が東海に向かって出発したという達蓬山

7000年前の稲作跡の確認された河姆渡遺跡への旅

梁祝文化公園 梁祝文化公园 liáng zhù wén huà gōng yuán
リィアンチュウウェンフゥアゴォンユゥエン［★☆☆］

浙東に古くから伝わる民間伝承の『梁山泊と祝英台』にまつわる梁祝文化公園。東晋（317〜420年）時代、祝英台（女）は女性であることを隠（男装）して都で学問を志し、そこで梁山伯（男）と出逢った。祝英台は梁山伯に想いを寄せるようになるが、女性であることを隠しているため、その想いを打ち明けられなかった。祝英台が故郷に戻ったあと、梁山伯は祝英台が女性であることを知り、はじめて異性として意識するようになった。ところが祝英台は親のとり決めで富豪の

【地図】寧波北郊外

【地図】寧波北郊外の [★★☆]
- [ ] 保国寺 保国寺バァオグゥオスウ
- [ ] 河姆渡遺跡 河姆渡遺址ハアムウドウイイチイ

【地図】寧波北郊外の [★☆☆]
- [ ] 梁祝文化公園 梁祝文化公園リィアンチュウウェンフゥアゴォンユゥエン
- [ ] 達蓬山 达蓬山ダアパンシャン
- [ ] 慈城古鎮 慈城古镇ツウチャングウチェン
- [ ] 朱貴祠 朱贵祠チュウグイツウ
- [ ] 上林湖越窯遺跡 上林湖越窑遺址シャンリンフウユエヤオイイチイ

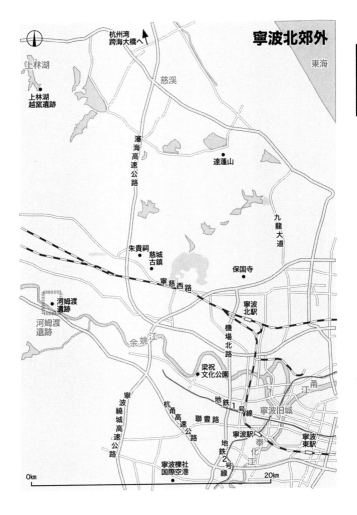

浙江省

息子と結婚することが決まっていて、それを聞いた梁山伯はなくなってしまった。婚礼の日、祝英台が梁山伯の墓に来ると、墓がまっぷたつにさけ、祝英台はそこに飛び込んだ。すると、2匹の蝶が舞ったという。この『梁山泊と祝英台』の物語は劇でも演じられ、梁祝文化公園には梁山伯の墓、祝英台の家、梁聖君山伯廟などが位置する。

保国寺 保国寺 bǎo guó sì バァオグゥオスウ ［★★☆］

寧波市街から北に13km、霊山の麓に残り、寧波天封寺とともに天台宗の信仰拠点となっていた保国寺。古くは後漢の驃

騎将軍張意の子張斉芳が隠居した邸宅だったと言われ、その後、寄進されて霊山寺となった。会昌の廃仏（845年）で荒廃したが、唐代の880年、皇帝僖宗により保国寺の勅額とともに可恭和尚によって再建された。天王殿、大雄宝殿、観音堂、蔵経楼といった伽藍がならび、とくに北宋時代の1013年に建てられた大雄宝殿は、江南に現存する最古の木造建築となっている（釘を使わず、柱と梁を組みあわせてドーム状の装飾屋根をつくる）。また唐代の一対からなる陀羅尼石経幢も残っている。

浙江省

達蓬山 达蓬山 dá péng shān ダアパンシャン ［★☆☆］
寧波北の慈渓に位置する達蓬山は、秦の始皇帝の命で東海に旅だった徐福船団「出発の地」と伝えられる（江蘇連雲港や浙江慈渓あたりが出港地とされる）。東海にあるという不老不死の仙薬を求めた徐福は、ついに中国には帰ってこなかったが、日本に到着したともいう。紀元前210年、徐福が少年少女数千人をひきい、稲など五穀の種をもって東海へ向かったという伝説から、慈渓達蓬山には徐福記念館が立つ（実証されていないが、中国では徐福が神武天皇だとする説もある）。

▲左　寧波郊外とのバスが発着する寧波客運中心。　▲右　徐福や梁山伯と祝英台、浙東にはさまざまな伝承が残る

慈城古鎮 慈城古镇 cí chéng gǔ zhèn ツウチャングウチェン［★☆☆］

寧波から北西に10km、浙東地方の伝統的な街並みを残す慈城古鎮。古くはこのあたりに越の港「句章」があったと言われ、現在の慈城古鎮は唐代の729年につくられた。この古鎮には、病の母のために「毎日、(息子が) 遠くの川の水を汲みに行き、やがてその母親が快復した」という親孝行話から、「慈城（親孝行の街）」と名づけられた。白い漆喰壁と黒の屋根瓦、孔子廟や伝統家屋が続き、火事の際、隣家に炎がうつらないよう、またその家の格式を示すこの地方独特の馬頭壁（うだつ）があがっている。慈城古鎮は、学者や官吏など多くの文人を

浙江省

輩出したことでも知られる。

朱貴祠 朱贵祠 zhū guì cí チュウグイツウ ［★☆☆］
大宝山の麓、慈城古鎮のそばに残るアヘン戦争（1840 〜 42 年）でイギリスと戦った英雄をまつる朱貴祠（高節祠）。1841 年、朱貴はその子の昭南と 900 の兵をひきいて、舟山を拠点とするイギリス軍と戦い、生命を落とした。1843 年、朱貴と戦死した人びとを追悼する目的で、この祠が建てられ、碑文が残る。またこの祠の敷地では、南宋石刻公園のものに通じる石刻が見られる。

河姆渡遺跡 河姆渡遗址
hé mǔ dù yí zhǐ ハアムウドウイイチイ [★★☆]

1973年に発掘され、黄河文明を中心とする中国の歴史観をくつがえす「世紀の発見」となった河姆渡遺跡。世界有数の古さをもつ紀元前5000〜前3300年ごろの新石器時代遺跡で、河姆渡遺跡の存在で稲作の起源は2000年さかのぼることになった。高床式の倉庫、稲の籾殻、石製・木製・骨製の農具や工具、貝殻の刃物、水牛、鹿の骨などが見つかっていて、河姆渡人は稲作と漁撈を生活の糧としながら、家畜を飼っていたという（地元の農民たちが行なった工事の際に偶然、発

【地図】河姆渡遺跡

【地図】河姆渡遺跡の [★★☆]
- [ ] 河姆渡遺跡 河姆渡遺址ハアムウドウイイチイ

CHINA
浙江省

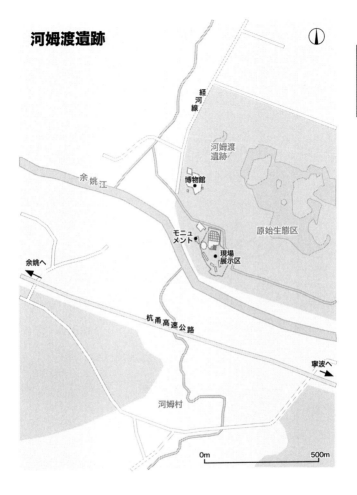

CHINA
浙江省

見され、河姆渡という名前は、余姚江北岸の渡頭村、南岸の河姆村から名づけられた)。この河姆渡文化は寧紹平原と舟山群島に広がり、黄河文明に匹敵する長江文明を代表する文化となっている。1993年、河姆渡遺跡として整備され、河姆渡人が信仰したという鳥と太陽の意匠が見られる巨大な「モニュメント」、遺跡発掘現場の「現場展示区」、写真や模型で河姆渡遺跡を紹介する「博物館」が位置する。

▲左　全長36km、それまでの常識をくつがえすような杭州湾跨海大橋。　▲右　河姆渡から舟山群島、そして日本へ稲作は伝わった

稲作の伝播

稲作の起源は、かつて雲南からアッサム地方とされたが、現在は長江中流から下流域でより古い時代のものがみつかっている。また弥生時代の日本に伝わった稲作も、朝鮮半島を経由したという説に代わって、江南から直接、海流に乗って伝播したという説が有力になっている（その重要な発信地が河姆渡遺跡）。「米」を運ぶだけでは稲作は伝わらず、「稲の苗」と「稲作をする人」「その技術」が移動してはじめて伝播が可能となる。そのため浙江にあり、紀元前333年に滅んだ越の遺民が、日本に稲作を伝えたという仮説もたてられている。

CHINA
浙江省

また西日本から江南、雲南、東南アジア北部、アッサムにかけての照葉樹林地帯で、「もち米を好む」「大豆から納豆をつくる」「麹で酒をつくる」「漆で漆器をつくる」といった文化、歌垣の習慣、神話や伝説の共通点が見られ、これらの地域は照葉樹林文化地帯として知られる。

上林湖越窯遺跡 上林湖越窑遗址 shàng lín hú yuè yáo yí zhǐ
シャンリンフウユエヤオイイチイ ［★☆☆］

寧波の北西35km、上林湖のほとりに残る上林湖越窯遺跡。良質な土と水に恵まれた浙江では、後漢時代（1世紀ごろ）

Around Ningbo 北郊外城市案内

から中国最先端の陶磁器が焼かれ、それらは越窯と呼ばれていた。上林湖、上虞、東銭湖などに窯がおかれ、とくに杭州を都とした呉越、南宋時代には最高品質の陶磁器が焼かれていた。ここで焼かれた陶磁器は、寧波を通じて日本、朝鮮、東南アジアからアラブ、ペルシャへと運ばれ、中国の重要な輸出品目となっていた。

杭州湾跨海大橋 杭州湾跨海大桥 háng zhōu wān kuà hǎi dà qiáo ハンチョウワンクゥアハイダアチャオ［★☆☆］
杭州湾をはさんで南に位置する寧波と、北に位置する上海を

CHINA
浙江省

結ぶ杭州湾跨海大橋。2008年に開通した全長36km、幅33mの長大な橋で、黄土色をした海原のうえをすべるように走る。この橋が完成する以前、陸路では杭州経由で迂回しなくてはならなかった寧波と上海の距離を120km短縮し、長江デルタ経済の一体化を進めることになった（寧波が上海から2時間圏になり、中国有数の港湾環境をもつ北侖港で陸揚げされた物資が上海方面へ運べる）。杭州湾跨海大橋近くの杭州湾南岸、寧波側で上海にもっとも近い場所に杭州湾大橋新区がおかれている。

【MEMO】

Guide,
Xi Jiao Qu
西郊外
城市案内

王陽明や朱舜水などの文人を輩出した余姚

蒋介石の生まれ故郷の奉化

寧波西部から南西郊外の景勝地

岳林寺 岳林寺 yuè lín sì ユエリンスウ ［★☆☆］

寧波から天台山へ向かう途上の奉化に位置する岳林寺。南朝梁代（6世紀）に建立された古刹で、呉越国の10世紀に布袋和尚が籍をおいた寺と知られる。布袋和尚は大きな布袋腹、笑みを浮かべた容姿で、乞食をしながら各地を遍歴し、人びとからもらったものすべてを大きな袋（布袋）に入れたという。のちに弥勒仏の化身と見られるようになり、江戸時代の日本で七福神のひとりとして信仰された（大きな袋に財宝が入っている）。

【地図】寧波西郊外の [★★☆]

- [ ] 河姆渡遺跡 河姆渡遺址 ハアムウドウイイチイ
- [ ] 保国寺 保国寺 バァオグゥオスウ

【地図】寧波西郊外の [★☆☆]

- [ ] 岳林寺 岳林寺 ユエリンスウ
- [ ] 鄞江 鄞江 インジィアン
- [ ] 蒋氏故里 蒋氏故居 ジィアンシイグウジュウ
- [ ] 張学良第一幽禁地 张学良第一幽禁地 チャンシュエリィアンディイヨウジンディ
- [ ] 四明山 四明山 スウミンシャン
- [ ] 余姚 余姚 ユウヤオ
- [ ] 慈城古鎮 慈城古镇 ツウチャングウチェン
- [ ] 達蓬山 达蓬山 ダアパンシャン
- [ ] 上林湖越窯遺跡 上林湖越窑遗址 シャンリンフウユエヤオイイチイ
- [ ] 杭州湾跨海大橋 杭州湾跨海大桥 ハンチョウワンクゥアハイダアチャオ
- [ ] 鄞州新城 鄞州新城 イィンチョウシンチャン

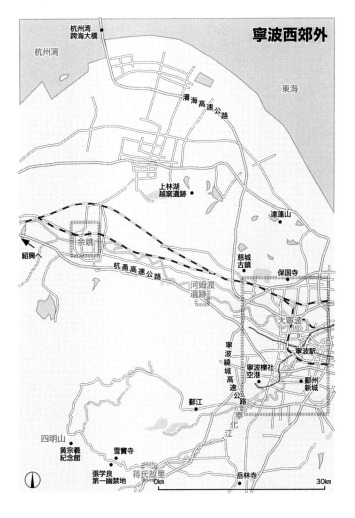

浙江省

鄞江 鄞江 yín jiāng インジィアン ［★☆☆］

寧波市街から南西20kmに位置する鄞江。821年に寧波旧城が築かれる以前、この地に行政府がおかれていた。かつて海水が鄞江あたりまでさかのぼり、寧波地域では淡水の確保が難しかったことから、833年、長さ113.7mの它山堰が築かれた。它山堰は寧波に安定した淡水をもたらし、農業を促進したことから、鄞江ではこの水利事業を主導した王元瑋をまつる廟会が連綿と続いている。

西郊外城市案内

蒋氏故里 蒋氏故居
jiǎng shì gù jū ジィアンシイグウジュウ ［★☆☆］

孫文のもとで軍人として台頭し、国民党の実権をにぎった蒋介石（1887〜1975年）の生まれ育った蒋氏故里（渓口）。蒋介石の一族は、奉化江を40kmくだって寧波に通じる奉化に、元代の13世紀に移ってきて、17世紀から奉化渓口で暮らすようになった。一族は農耕をなりわいとしたが、蒋介石の祖父蒋玉表が塩商人として台頭した。蒋介石はこの蒋氏故里で子供のころ、戦争ごっこをして遊び、やがて1905年、寧波の箭金学堂に学んだ。日本留学後、広州の黄埔軍官学校

【地図】蒋氏故里

【地図】蒋氏故里の [★☆☆]
- 蒋氏故里 蒋氏故居ジィアンシイグウジュウ

CHINA
浙江省

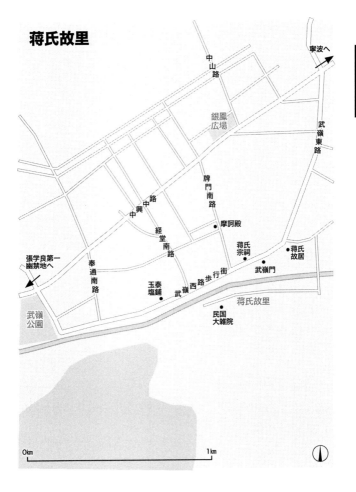

浙江省

の校長となったことで権力をにぎり、孫文死後、寧波から上海に進出した浙江財閥の力を借りて中国屈指の実力者となった（蒋介石・宋子文・孔祥熙・陳立夫の四大家族を中心とする浙江財閥）。蒋氏故里には、武嶺西路にそって蒋氏故居、蒋氏宗祠、祖父の経営した店の玉泰塩鋪、武嶺門、摩訶殿、民国大雑院などが残る。1949年、国共内戦に敗れた蒋介石の国民党は台湾に遷った。

▲左　1927〜37年、蒋介石の国民政府は南京を都とした。　▲右　満州の軍閥張作霖の子として生まれた張学良

張学良第一幽禁地 张学良第一幽禁地
zhāng xué liáng dì yī yōu jìn dì
チャンシュエリィアンディイヨォウジンディ　[★☆☆]

日本の侵略が進むさなかの1936年、西安事件を起こして上官の蒋介石を監禁し、国共合作へと導いた張学良。国共合作から日本敗戦への大きな道筋をつくったが、上官暴行脅迫罪により、半世紀にわたる軟禁生活を送ることになった。蒋介石の故郷奉化に近い張学良第一幽禁地が軟禁生活のはじまりとなった場所で、張学良はここで昼はテニスや水泳をし、夜はラジオに耳をかたむけたという。日本軍の侵攻にあわせて

浙江省

安徽省、江西省、湖南省、貴州省などを転々とし、1946年、重慶から飛行機で台湾に移された（張学良は1991年に釈放され、2001年、ハワイでなくなっている）。張学良第一幽禁地では張学良が使っていた部屋が再現され、写真や年表で「民族の英雄」と周恩来にたたえられた張学良を紹介している。あたりは南宋五山十刹の十刹のひとつ雪寶寺、蒋介石別荘が残り、雪寶寺風景区になっている。

四明山 四明山 sì míng shān スウミンシャン ［★☆☆］

寧波から南西50kmにそびえる四明山。唐代前半まで寧波は

西郊外城市案内 Around Ningbo

越州（紹興）に属したが、738年に東半分がわかれたとき、この山の名前をとって明州となった。高さ1023mの山は「丹山赤水之天」とも呼ばれ、「四明山」という名称はこの地の「四窓岩」が日月星辰の4つの光を通すことに由来する。道教の第九洞天とされるほか、天台仏教の一大拠点でもあり、四明山で律宗を学んだ俊芿（1166～1227年）は、帰国後、京都で泉涌寺を再興している。また明清交替期には、異民族の清朝に抵抗する人たちがこの山にこもった経緯もあり、そのなかのひとりで余姚出身の学者の黄宗羲（1610～95年）にまつわる「黄宗羲紀念館」も残る。

【地図】余姚の [★☆☆]
□ 余姚 余姚ユウヤオ

CHINA
浙江省

余姚

浙江省

余姚 余姚 yú yáo ユウヤオ［★☆☆］

寧波の北西40km、余姚江の流れる余姚は、古くは河姆渡遺跡を育んだ物産豊かな土地。唐代から宋、元、明、清まで書院や義塾などが開かれて浙東学術文化の中心となり、中国を代表する文人を輩出してきた。後漢の巌子陵、明代の陽明学の王陽明（1472～1528年）、日本に亡命した朱舜水（1600～82年）、黄宗羲（1610～95年）が余姚四賢と言われる。王陽明が講学した龍泉山の「中天閣（龍泉寺）」「朱舜水紀念堂」「王陽明故居」が残り、これら明代の文人たちは寧波や紹興で活躍した。余姚は長いあいだ紹興に属していたが、20

Around Ningbo　西郊外城市案内

世紀に入ってから寧波の所管となった。

杭州湾
つなぐ
大経済圏

19世紀、上海にとって代わられるまで
この地方最大の港があった寧波
優れた環境から再び、注目を集めるようになった

寧波郊外の新市街

唐代（821年）以来、寧波市街は余姚江と奉化江の合流する三江口におかれていたが、20世紀末になって寧波郊外に新たな街が築かれている。甬江からくだった北侖に位置する寧波経済技術開発区は、中国屈指の深水港をもち、重化学工業の基地となっている。また寧波旧城の南5kmに位置する鄞州新城は広大な街区で、これまで寧波旧城がになってきた商業圏（天一広場や城隍廟など）に代わる新たな商業圏が形成されようとしている。甬江をはさんで江東のさらに東に位置する東部新城では、豊かな山水を都市にとり込み、充実した文

浙江省

化施設を配備する新たなCBD（中央商務区）がつくられている。こうした流れは、それまでの寧波旧城にあった港湾、経済、文化の機能が大幅に拡張し、寧波郊外の都市化が進んでいると見ることができる。

長江デルタ「龍の目」

杭州湾をはさんで南に位置する寧波と、北に位置する上海は直線距離では近いが、杭州経由で大幅に迂回しなくてはならなかった。こうしたなか杭州湾の海上を走る全長36kmの杭州湾跨海大橋が2008年に完成し、長江デルタ経済の一体化

▲左　舟山群島との船も往来する。　▲右　東部新城の文化広場、大型建築が集まる

に寄与している。杭州湾の南北が結ばれたことで、中国屈指の深水港である寧波北侖港は、浙江省から上海市、江蘇省をも後背地とするようになった（かつて上海に繁栄を奪われた寧波が21世紀に入って、その輝きをとり戻そうとしている）。こうしたインフラの整備は、上海を「龍の頭」に、寧波（杭州湾南岸）と南通（長江北岸）を「龍の目」にたとえる、巨大な大上海経済圏をつくっている。

世界最大級の港湾群体

宋元（10～14世紀）時代から、寧波は広東や福建、東南ア

CHINA
浙江省

ジアなどの「南洋」と、北京、山東、朝鮮半島の「北洋」を結ぶ、海の交差路という役割をもってきた。寧波と「北京」、寧波と「広州」、寧波と「九州博多」はほとんど同距離で、それら諸都市が弧を描く中心に寧波は位置する。物資が集散するゆえ、明（14〜17世紀）代、寧波沖合の舟山群島は倭寇（海賊）たちの棲家となり、寧波界隈の海上交通を制するものが海の富を制するとも言えた。こうした状況のなか、現在は上海海上沖の洋山深水港、寧波北侖港、その対岸の舟山群島などが一体化し、世界でも類を見ない巨大港湾群を形成している。

Around Ningbo

杭州湾つなぐ大経済圏

参考文献

『中国の歴史散歩 3』(山口修・鈴木啓造 / 山川出版社)

『文化都市寧波』(早坂俊廣編 / 東京大学出版会)

『くらしがつなぐ寧波と日本』(高津孝編 / 東京大学出版会)

『聖地寧波 (ニンポー)』(奈良国立博物館編集 / 奈良国立博物館)

『道元』(和辻哲郎 / 河出書房新社)

『孤高の禅師道元』(中尾良信 / 吉川弘文館)

『天童寺特集』(禅研究所紀要)

『中国古寺巡礼天童寺 曹洞宗開創の庭』(丘桓興 / 人民中国)

『栄西禅師と臨済宗』(平野宗浄・加藤正俊 / 吉川弘文館)

『明庵栄西の在宋中の動静について』(佐藤秀孝 / 駒沢大学仏教学部論集)

『重源と栄西』(久野修義 / 山川出版社)

『張学良の昭和史最後の証言』(NHK取材班・臼井勝美 / 角川書店)

『美しい中国余姚 王陽明、朱舜水ら賢人、学者を育む』(田潔 于文 / 人民中国)

『長江文明を訪ねて 河姆渡』(丘桓興 / 人民中国)

『保国寺大殿 北宋 , 浙江余姚』(関口欣也 / 建築雑誌)

『世界大百科事典』(平凡社)

[PDF] 寧波地下鉄路線図 http://machigotopub.com/pdf/ningbometro.pdf

まちごとパブリッシングの旅行ガイド
Machigoto INDIA , Machigoto ASIA , Machigoto CHINA

【北インド - まちごとインド】

001 はじめての北インド
002 はじめてのデリー
003 オールド・デリー
004 ニュー・デリー
005 南デリー
012 アーグラ
013 ファテープル・シークリー
014 バラナシ
015 サールナート
022 カージュラホ
032 アムリトサル

【西インド - まちごとインド】

001 はじめてのラジャスタン
002 ジャイプル
003 ジョードプル
004 ジャイサルメール
005 ウダイプル
006 アジメール（プシュカル）
007 ビカネール
008 シェカワティ
011 はじめてのマハラシュトラ
012 ムンバイ
013 プネー
014 アウランガバード
015 エローラ
016 アジャンタ
021 はじめてのグジャラート
022 アーメダバード
023 ヴァドダラー（チャンパネール）
024 ブジ（カッチ地方）

【東インド - まちごとインド】

002 コルカタ
012 ブッダガヤ

【南インド - まちごとインド】

001 はじめてのタミルナードゥ
002 チェンナイ
003 カーンチプラム
004 マハーバリプラム
005 タンジャヴール
006 クンバコナムとカーヴェリー・デルタ
007 ティルチラパッリ
008 マドゥライ
009 ラーメシュワラム
010 カニャークマリ
021 はじめてのケーララ
022 ティルヴァナンタプラム
023 バックウォーター（コッラム〜アラップーザ）
024 コーチ（コーチン）
025 トリシュール

【ネパール - まちごとアジア】

001 はじめてのカトマンズ
002 カトマンズ
003 スワヤンブナート

004 パタン
005 バクタプル
006 ポカラ
007 ルンビニ
008 チトワン国立公園

【バングラデシュ - まちごとアジア】

001 はじめてのバングラデシュ
002 ダッカ
003 バゲルハット（クルナ）
004 シュンドルボン
005 プティア
006 モハスタン（ボグラ）
007 パハルプール

【パキスタン - まちごとアジア】

002 フンザ
003 ギルギット（KKH）
004 ラホール
005 ハラッパ
006 ムルタン

【イラン - まちごとアジア】

001 はじめてのイラン
002 テヘラン
003 イスファハン
004 シーラーズ
005 ペルセポリス
006 パサルガダエ（ナグシェ・ロスタム）
007 ヤズド
008 チョガ・ザンビル（アフヴァーズ）
009 タブリーズ

010 アルダビール

【北京 - まちごとチャイナ】

001 はじめての北京
002 故宮（天安門広場）
003 胡同と旧皇城
004 天壇と旧崇文区
005 瑠璃廠と旧宣武区
006 王府井と市街東部
007 北京動物園と市街西部
008 頤和園と西山
009 盧溝橋と周口店
010 万里の長城と明十三陵

【天津 - まちごとチャイナ】

001 はじめての天津
002 天津市街
003 浜海新区と市街南部
004 薊県と清東陵

【上海 - まちごとチャイナ】

001 はじめての上海
002 浦東新区
003 外灘と南京東路
004 淮海路と市街西部
005 虹口と市街北部
006 上海郊外（龍華・七宝・松江・嘉定）
007 水郷地帯（朱家角・周荘・同里・甪直）

【河北省 - まちごとチャイナ】

001 はじめての河北省
002 石家荘
003 秦皇島
004 承徳
005 張家口
006 保定
007 邯鄲

【江蘇省 - まちごとチャイナ】

001 はじめての江蘇省
002 はじめての蘇州
003 蘇州旧城
004 蘇州郊外と開発区
005 無錫
006 揚州
007 鎮江
008 はじめての南京
009 南京旧城
010 南京紫金山と下関
011 雨花台と南京郊外・開発区
012 徐州

【浙江省 - まちごとチャイナ】

001 はじめての浙江省
002 はじめての杭州
003 西湖と山林杭州
004 杭州旧城と開発区
005 紹興
006 はじめての寧波
007 寧波旧城
008 寧波郊外と開発区
009 普陀山
010 天台山
011 温州

【福建省 - まちごとチャイナ】

001 はじめての福建省
002 はじめての福州
003 福州旧城
004 福州郊外と開発区
005 武夷山
006 泉州
007 廈門
008 客家土楼

【広東省 - まちごとチャイナ】

001 はじめての広東省
002 はじめての広州
003 広州古城
004 天河と広州郊外
005 深圳(深セン)
006 東莞
007 開平(江門)
008 韶関
009 はじめての潮汕
010 潮州
011 汕頭

【遼寧省 - まちごとチャイナ】

001 はじめての遼寧省
002 はじめての大連
003 大連市街
004 旅順
005 金州新区

006 はじめての瀋陽
007 瀋陽故宮と旧市街
008 瀋陽駅と市街地
009 北陵と瀋陽郊外
010 撫順

【重慶 - まちごとチャイナ】

001 はじめての重慶
002 重慶市街
003 三峡下り（重慶〜宜昌）
004 大足

【香港 - まちごとチャイナ】

001 はじめての香港
002 中環と香港島北岸
003 上環と香港島南岸
004 尖沙咀と九龍市街
005 九龍城と九龍郊外
006 新界
007 ランタオ島と島嶼部

【マカオ - まちごとチャイナ】

001 はじめてのマカオ
002 セナド広場とマカオ中心部
003 媽閣廟とマカオ半島南部
004 東望洋山とマカオ半島北部
005 新口岸とタイパ・コロアン

【Juo-Mujin（電子書籍のみ）】

Juo-Mujin 香港縦横無尽
Juo-Mujin 北京縦横無尽
Juo-Mujin 上海縦横無尽

【自力旅游中国 Tabisuru CHINA】

001 バスに揺られて「自力で長城」
002 バスに揺られて「自力で石家荘」
003 バスに揺られて「自力で承徳」
004 船に揺られて「自力で普陀山」
005 バスに揺られて「自力で天台山」
006 バスに揺られて「自力で秦皇島」
007 バスに揺られて「自力で張家口」
008 バスに揺られて「自力で邯鄲」
009 バスに揺られて「自力で保定」
010 バスに揺られて「自力で清東陵」
011 バスに揺られて「自力で潮州」
012 バスに揺られて「自力で汕頭」
013 バスに揺られて「自力で温州」

【車輪はつばさ】
南インドのアイラヴァテシュワラ寺院には建築本体に車輪がついていて寺院に乗った神さまが人びとの想いを運ぶと言います。

・本書はオンデマンド印刷で作成されています。
・本書の内容に関するご意見、お問い合わせは、発行元のまちごとパブリッシング info@machigotopub.com までお願いします。

まちごとチャイナ
浙江省008寧波郊外と開発区
～鎌倉仏教の「祖庭」へ [モノクロノートブック版]

Digital Publishing

2017年11月14日　発行

著　者	「アジア城市（まち）案内」制作委員会
発行者	赤松　耕次
発行所	まちごとパブリッシング株式会社 〒181-0013　東京都三鷹市下連雀4-4-36 URL http://www.machigotopub.com/
発売元	株式会社デジタルパブリッシングサービス 〒162-0812　東京都新宿区西五軒町11-13 清水ビル3F
印刷・製本	株式会社デジタルパブリッシングサービス URL http://www.d-pub.co.jp/

MP142

ISBN978-4-86143-276-7 C0326　　　　Printed in Japan
本書の無断複製複写 (コピー) は、著作権法上での例外を除き、禁じられています。